Das Einhand-Schwert

Nach Liberi und mehr

Autor: Ingo Litschka
Coverfoto: Ingo Litschka Bearbeitung: Sina Holste

ISBN: 9798622403439

info@fecht-hut.de

Mein Dank gilt Pascal Franz, Tim Dietrich und Falk Schwarz, ohne die dieses Buch nicht entstanden wäre.

Das Schwert ist die wohl faszinierendste Blankwaffe, die der Mensch erschaffen hat. Es kommt in Literatur und Filmen zur Genüge vor.

Doch auch in der Fechtliteratur führt es den Reigen der Technikbücher an.

Doch vor allem das lange Schwert steht hier im Zentrum der Ausführungen. Über den kleineren Verwandten, den sogenannten Einhänder findet man sowohl in den alten Quellen, als auch in moderner Literatur eher wenig.

Das vorliegende Buch gibt einen Einstieg in das Fechten mit dieser faszinierenden Waffe.

Im ersten Teil des Buches geht es um die Techniken und Interpretationen nach Fiore dei Liberi, der in seinem Werk zumindest ein Kapitel dem Einhänder gewidmet hat.

Während im zweiten Teil ein Vergleich mit den Techniken des langen Messers nach Lecküchner für den Einhänder gezeigt wird.

Denn anders als im ergänzenden Band um den Dreiecksschild, muss sich hier das einhändig geführte Schwert, diesmal ganz ohne Beiwaffe behaupten und zeigt alsbald ein paar interessante Eigenheiten.

Ein wenig Liberi

Sieht eigentlich ganz schlicht aus und hat doch so einiges an Arbeit gebracht.

Denn was im Manuskript so einfach aussieht, kann ganz unterschiedliche Schlüsse nach sich ziehen, wie wir gleich sehen werden.

Ein bisschen erinnert die Haltung an die Priesterhut aus I.33 und doch auch wieder nicht.

Zwar zeigt Liberi was dann passieren kann, doch lässt er die heute üblichen Zwischenschritte in der darstellung weg.

Daraus ergeben sich natürlich viele Möglichkeiten der Interpretation, die sich im Laufe der letzten jahre auch wieder gewandelt hat.

Um nicht einseitig zu schreiben habe ich fünf Variationen zu der oben gezeigten Stellung und den daraus folgenden Techniken hier festgehalten.

Denn jede davon ist zumindest die Betrachtung wert.

Bei der ersten Interpretation steht man etwas vom Gegner weggedreht und scheint den Schlag einfach zu erwarten.

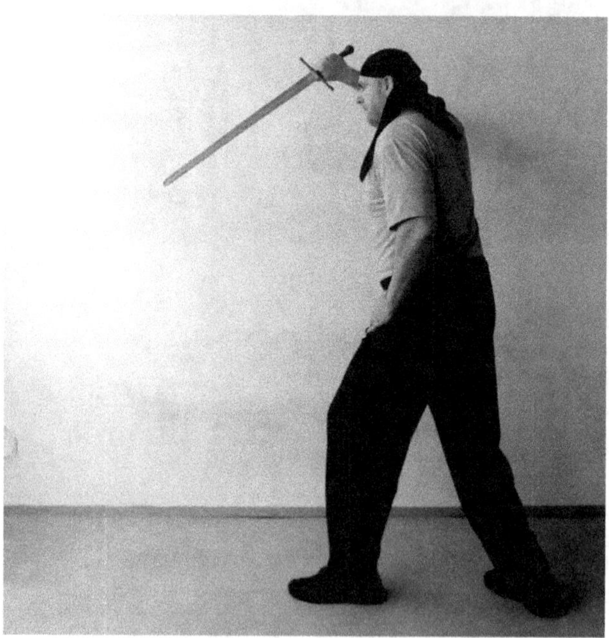

Dann macht man einen Schritt zurück, wobei sich der linke Fuß auf der Fußspitze dreht.

Mit einer Art Aufstreichen aus dem Schritt fängt und drängt man den ankommenden Angriff etwas nach rechts zur Seite.

Interpretation 2

Interpretation 2 unterscheidet sich sehr von der Ersten, denn hier macht man einen leichten Schritt nach rechts
Und
Geht auf den Gegner zu!

Dabei verschafft man sich durch die entstehende Schlagkraft den Weg für einen Konter frei.

Der Schlag erhält seine Kraft aus dem seitlich, nach rechts geführten, Schritt und einen Ruck aus der Hüfte.

Auch hier entsteht eine Blöße, die man für einen Konter nutzen kann.

Bei Interpretation 3 steht man wesentlich mehr aufs hintere Bein und vom Gegner weggelehnt.

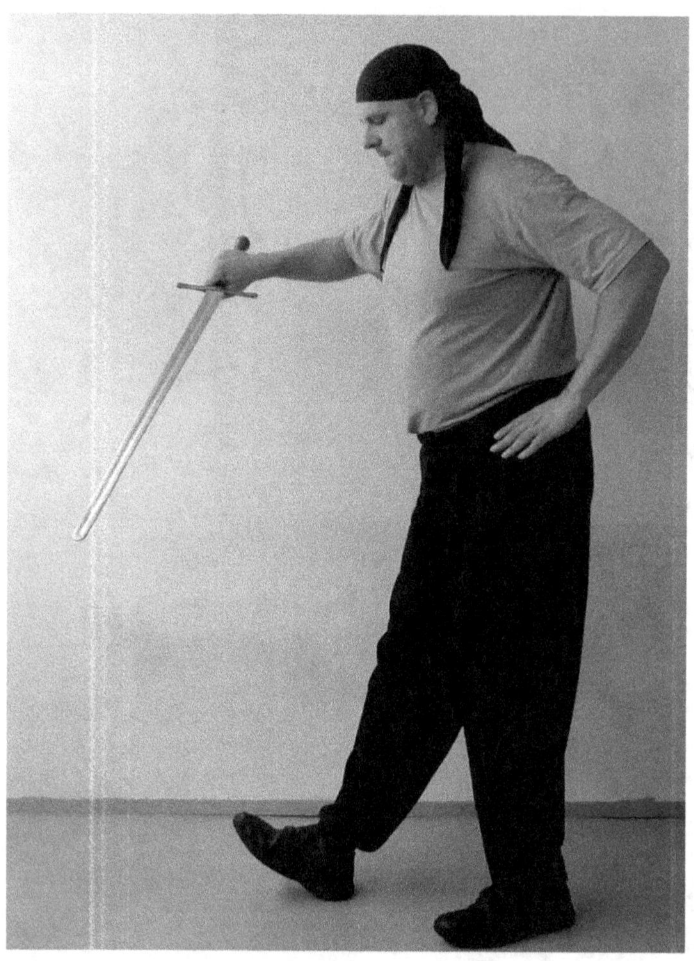

Was ich hier nur andeuten kann ist die Idee in dieser Interpretation, dass man sich auf den Fersen dreht.

Man macht hier keinen Schritt und bleibt auf der Stelle, um den ankommenden Schlag dann so zu empfangen.

Man fängt ihn fast wie bei einem Pogen auf und greift sich dann sofort die Schwerthand oder den Arm des Gegners.

Hierbei kontert man diesmal auf der Innenseite des Gegners.

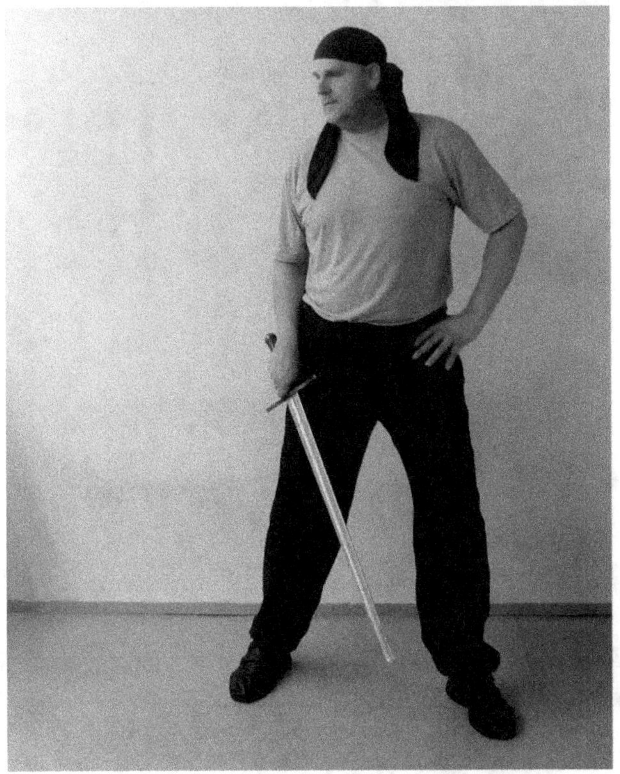

Interpretation 4 geht wieder einen anderen Weg.

Man steht 90° vom Gegner abgewandt.

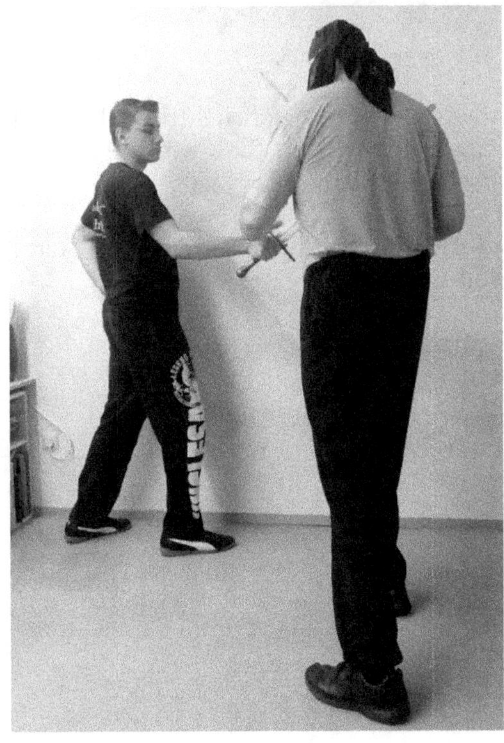

Hier macht man mit dem rechten Fuß einen Schritt zur Seite und aus der Linie des Angriffs heraus, wobei man fast wie bei einem Weckerhau die Klinge des Gegners wegschlägt.

Nun kann man sich dem anderen zuwenden und ihn in seine entstandene Blöße hinein angreifen.

Das Ganze kann auch einem Kreuzschritt, den man sonst vom langen Messer her kennt, ähneln.

Interpretation 5 steht leicht seitlich abgewandt und scheint auch auf den Gegner zu warten.

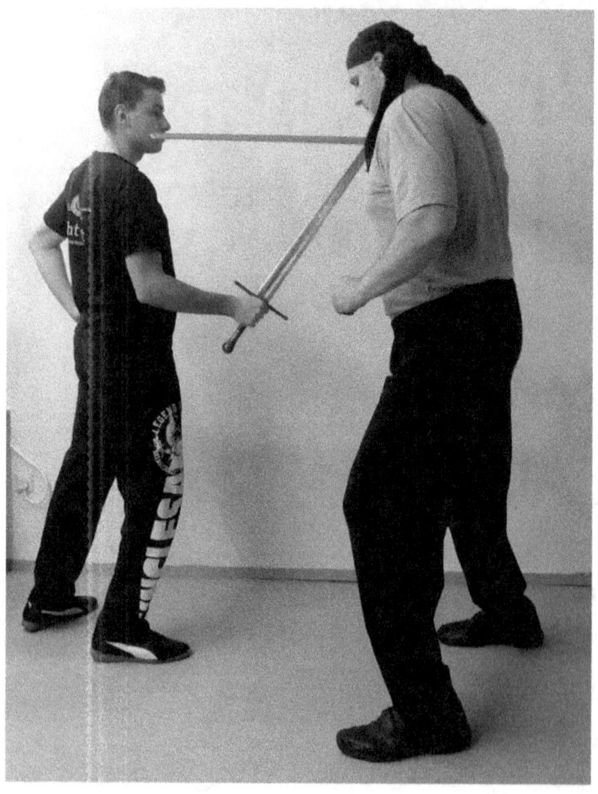

Doch diesmal tritt man mit dem linken Fuß diagonal aus der Angriffslinie heraus.

Dabei wendet man sich mit dem ganzen Körper dem Angreifer zu und schlägt dabei gleichzeitig, wie bei einem Weckerhau oder mit einem Aufstreichen gegen die ankommende Klinge.

So kann man sich beim Gegner eine Blöße schaffen und ist sofort auf ihn ausgerichtet, um ihn anzugreifen.

Welche der Interpretationen Sie nun bevorzugen ist Ihnen überlassen.
Ihnen und Ihren Knien, denn wenn Sie mit der Drehung einer Interpretation in Ihren Gelenken nicht klarkommen, dann ist es höchst zeit für einen Versuch mit einer anderen.

Auch wenn Sie bei einer davon zu oft getroffen werden sollten Sie die anderen ausprobieren, damit sich Erfolge einstellen.

Folgetechniken außen

Nach diesen Variationen nun zu den Folgetechniken, denn davon
hat Liberi auf seine besondere Art so einige überliefert.

Doch zunächst widmen wir uns den Techniken die „außen", also
rechts neben der Angriffslinie des Gegners stattfinden.

Dazu sollten Sie wirklich eine ähnliche Position wie oben gezeigt
haben, oder eben durch Bewegung dorthin gelangen.

Die Kraft des ankommenden Hiebes darf hierbei also nicht auf Sie
herunterschlagen, sondern eher rechts an Ihnen vorbei.

Nun können Sie Ihren Konter setzen.

Auf den folgenden Seiten zeigt das Buch dazu einige von Liberis
Techniken, die er hierzu in seinem Flos Duelantum aufgezeichnet
hat.

Streichen Sie aus dem Schritt heraus auf und drängen die Waffe des anderen zur Seite nach rechts ab.

Nun können Sie ohne Problem wieder von oben herunter gegen seine kurzzeitig entblößte rechte Halsseite schlagen.

a

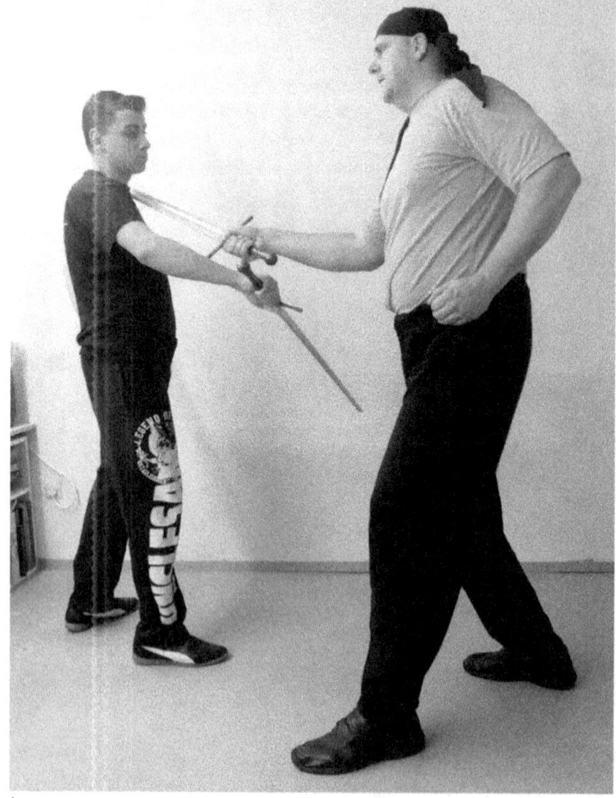

b

C

Bildpaar a

Sollten Sie beim Aufstreichen in der Klingenbindung höher, also an seine Schwäche kommen…

Bildpaar b

Und Ihr Schlag, weil Sie mehr Schwung oder Kraft eingesetzt haben weiter nach rechts getragen werden, dann können Sie ihm einfach an seine linke Halsseite schlagen.

Bildpaar c

Oder Sie Schlagen ihm auf die Arme oder eben quer durch den Brustkorb.

Doch dies sind alles schnelle Aktionen, die in kleinem Radius stattfinden müssen, um rechtzeitig abgeschlossen zu werden und einen sicheren Abzug zu haben.

d

e

F

Bildpaar d

Wenn Sie nicht schlagen wollen können Sie auch einfach mit dem linken Bein hinter sein Rechtes springen und mit Ihrem linken Arm vor seinen Hals fahren.
Ein kurzer Ruck nach links und schon fällt er über Ihr Bein auf seinen Rücken.

Bildpaar e

Hier springen Sie mit Ihrem rechten Bein hinter ihn und fahren mit dem Schwert vor seinen Hals, so dass Sie die Klinge packen können.

Bildpaar f

Nun greifen Sie ins Halbe Schwert, klemmen seinen Hals fest, ziehen ihn über Ihre Hüfte und werfen ihn vor sich auf den Boden.

Natürlich üben Sie das vorsichtig mit Ihrem Partner, er soll ja seine Stimme behalten.

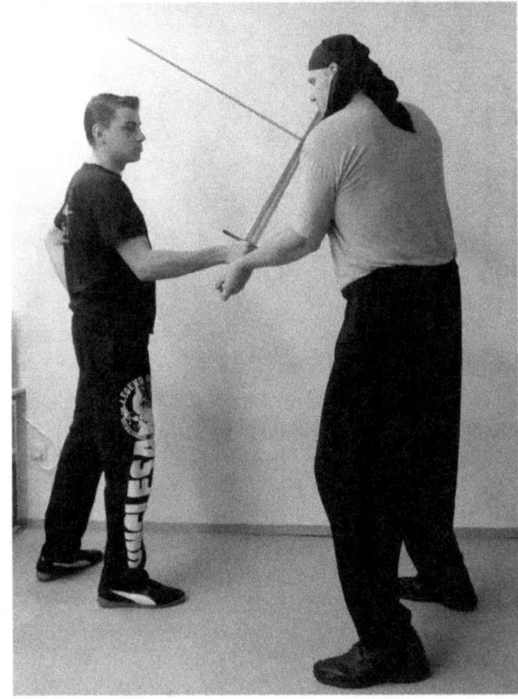

g

Bildpaar g

Wenn die Zeit reicht und der gegnerische Knauf erreichbar ist können Sie natürlich auch diesen greifen.

Wenn Sie nun mit dem Schwert oben seine Klinge nach rechts drücken und unten den Knauf in dieselbe Richtung drehen, dann können Sie den Kerl in den Bauch stechen und ihm dabei die Waffe wegnehmen.

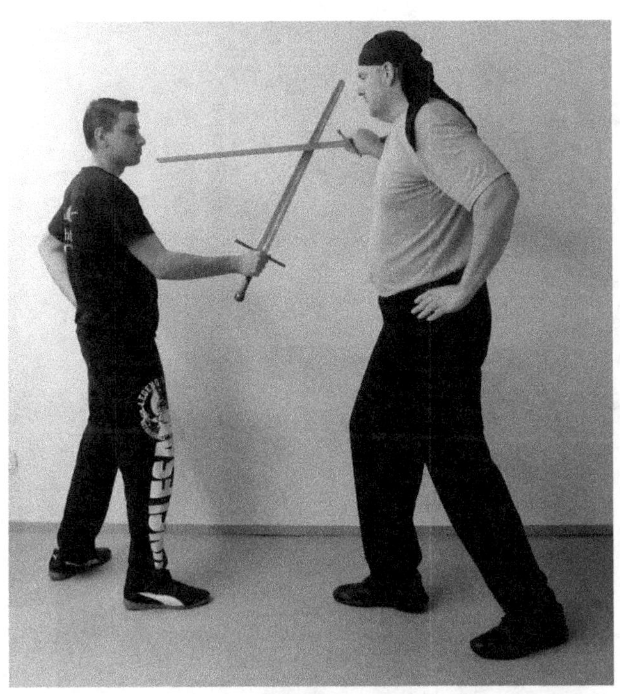

Ist seine Waffe verdrängt können Sie auch ins halbe Schwert gehen und so in seinen Bauch stechen.

Sie können sich auch durch einen Stoß gegen seine Schulter den Weg für die vorher gezeigten Techniken freimachen.

Oder seine Waffenhand packen und wie beim Schulterstoß darüber stechen.

Wenn Sie nicht in seinen Hals stechen wollen, dann können Sie seinen Arm natürlich auch an Ihren Körper ziehen, so dass sein Ellbogen an Ihrem Brustkorb gesperrt ist.

Seine Hand muss dabei fest gegriffen bleiben.

Nun können Sie ihn mit einer kräftigen Drehung nach rechts vor sich bringen.

Aber gehen Sie hierbei vorsichtig mit Ihrem Partner um. Der Hebel, der hierbei entsteht ist gelenkbrecherisch.

Folgetechniken innen

1
Hier fängt man den Angriff eher auf.

2

3

Bild 1

Bei diesen Techniken bleiben wir in der Schlaglinie und der Kraft des ankommenden Angriffs.
Fangen Sie den Schlag in einer Art Pogen.

Bildpaar 2

Nun können Sie seine Waffenhand greifen.
Packen Sie dabei so zu, dass Ihr eigener Daumen nach unten zeigt.
Diese sogenannte **verkehrte Hand** ermöglicht es Ihnen seine Waffenhand weit genug nach links außen wegzudrehen, während Ihr Schwert freie Bahn hat.

Bildpaar 3

Ist Ihnen das kleine Handgelenk als Greifziel zu unsicher können Sie auch mit Ihrem Arm seinen Ellbogen übergreifen.
Gehen Sie dazu nah an den Mann. Klemmen Sie sich seinen Ellbogen fest unter die Achsel und nun drängen Sie mit Ihrem Schwert an seinen Hals.

So können Sie ihn in die Knie zwingen.

4

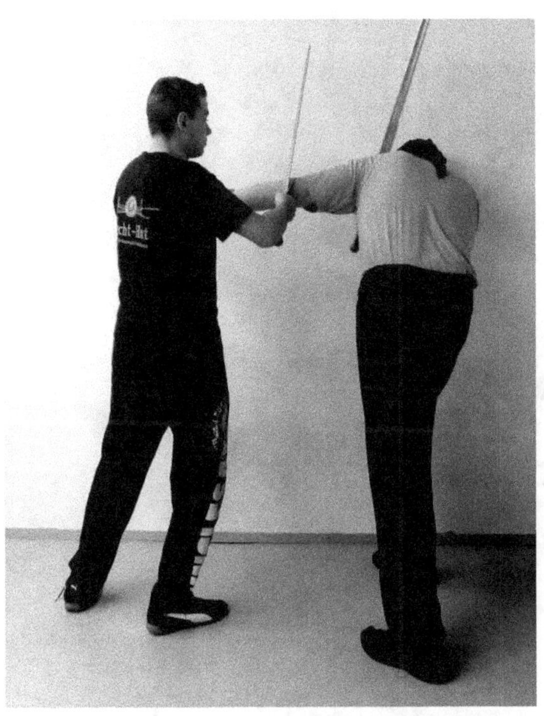

5

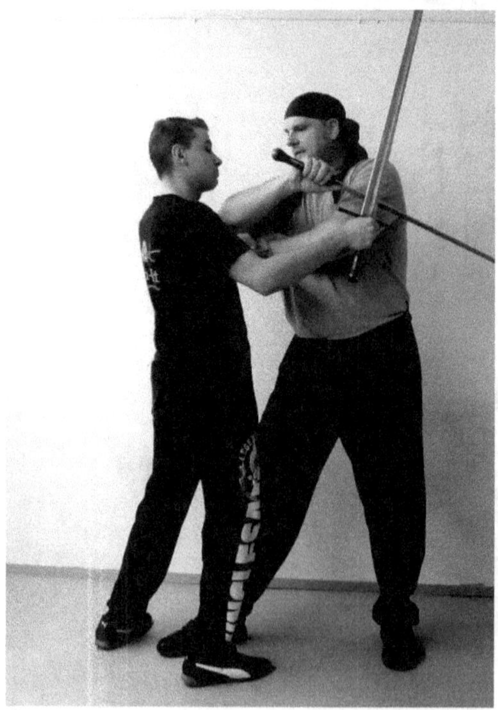

6

7

Bildpaar 4

Doch ruhen Sie sich bei der Bewegung nicht aus, denn sonst kann er Ihre linke, greifende Hand entweder wegstoßen oder noch schlimmer, er kann diese packen und daran ziehen.

Bildpaar 5

Bringt er jetzt noch seine Parier an Ihren Ellbogen, dann hat er Sie in einem schmerzhaften Streckhebel gefangen.

Bildpaar 6

Wenn Sie spüren wie er sich greift heißt es sehr schnell sein und direkt in den Mann gehen.
Bringen Sie Ihr Schwert in schützende Position und drängen sie den Ellbogen Ihres Schwertarmes an sein Kinn oder darunter.
Treffen Sie sein Kinn lässt er auch los.

Bildpaar 7

Nun können Sie hinten über seinen Nacken fahren und währenddessen seinen Schwertarm in einen Hebel nehmen. Drehen Sie sich dann nach rechts und bringen ihn vor sich zu Boden.

Aus der Mitte gehauen

a

b

c

d

e

Bildpaar a

Egal ob der Stich, der Ihre rechte Seite treffen soll leicht von unten oder recht gerade kommt, lt. Liberi ist dies die Zeit für einen Mittelhau.
Er schlägt den Stich beiseite,

Bild b

Sie können dabei auch über die gegnerische Hand hinweg selber zustechen oder

Bild c

Ihm mit einem weiteren Mittelhau einen Schlag in den Bauch geben.

Bildpaar d

Dasselbe geht auch auf die andere Seite und Sie schlagen den Stich nach links weg. Nun schlagen Sie zurück, aber auf den Waffenarm.

Bildpaar e

Ist er nah genug, dann können Sie ihn natürlich auch greifen und zusätzlich in den Schlag hineinziehen.

Drängt er Ihr Schwert nur zur Seite, dann können Sie auch das mit einem Mittelhau in seinen Bauch beantworten.

Von unten gehauen

Ebenso wie beim Mittelhau ist Liberi mit seinen Angaben zu den Unterhauen recht sparsam.
Er sagt nur, dass man sie gegen die Schwerthand führt.

Also ähneln sie im Großen und Ganzen dem Lehmhau des langen Messers.

Man tritt aus der Schlaglinie und schlägt von unten in den ankommenden Unterarm.

Nun kommt noch eine kleine Drehung ins Schwert und man schlägt gleich nochmals von oben wieder herunter auf denselben Arm.

Zwischengedanken

Schon bei den ersten Variationen, die sich aus Liberis Manuskript ergaben, konnten Sie leicht feststellen, dass so eine Bildinterpretation mitunter zu recht unterschiedlichen Ergebnissen führen kann.
Nun heißt das natürlich nicht, dass nur eine davon die alleinig Richtige ist.
Vielmehr kann es auch durch unterschiedliche Befähigung des jeweiligen Fechters zu Veränderungen der „Übersetzung" kommen.
Denn nicht jeder ist gleich groß und nicht jeder hat die gleiche Art von Beweglichkeit. Man muss diese dann auch nicht aufgrund einer Interpretation erzwingen.
Eher muss man hier die überlieferten Quellen an den eigenen Körper ein wenig anpassen.
Denn was nützt es Ihnen, wenn Sie, der im Trend liegenden Interpretation folgend Ihre Knie- oder Hüftgelenke kaputtmachen?
Oder wenn Sie aus der vorgegebenen Haltung einfach nicht dynamisch genug handeln können und sich durch diese einen fechterischen Nachteil einhandeln?
Also testen Sie einfach auch die „Grundstellung" in verschiedenen Variationen für sich selbst aus, um die für Sie Beste herauszubekommen.

Wie vorher schon erwähnt, hat Liberi so gut wie nichts gezeigt, was z.B. den Ablauf von Unter-, Ober- oder Mittelhaue angeht.
Er sagt einfach wo diese hingehen und dass die Stiche gefährlich sind.
Also bleibt auch hier nichts anderes übrig als, wie beim Dreieckschild auch, einfach auszuprobieren was am besten funktioniert und aus dem Kontext der Quelle heraus einen Sinn ergibt.

Man kann natürlich auch andere Quellen zu Rate ziehen, denn sowohl das Bucklermanuskript I.33, als auch das lange Messer können bei Einhandschwert ein wenig aushelfen.
Beide beschäftigen sich ja mit einhändig geführten Waffen. Wenn auch beim Buckler ja eben der kleine Rundschild als Zweitwaffe mit von der Partie ist, während beim langen Messer allein schon durch den Rüstring oder Nagel ein paar Änderungen dazukommen.

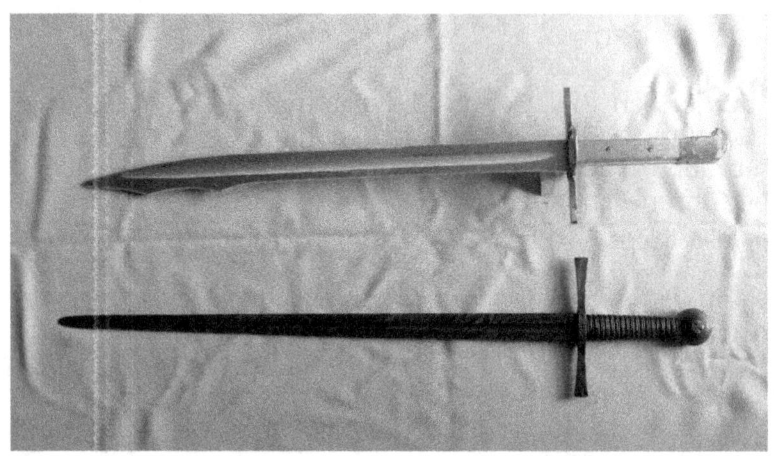

Beides Einhandwaffen, beide sind schnell in ihrer Handhabung und doch sind da ein paar kleine, aber feine Unterschiede.
Was man schon an der klingenform erkennen kann.

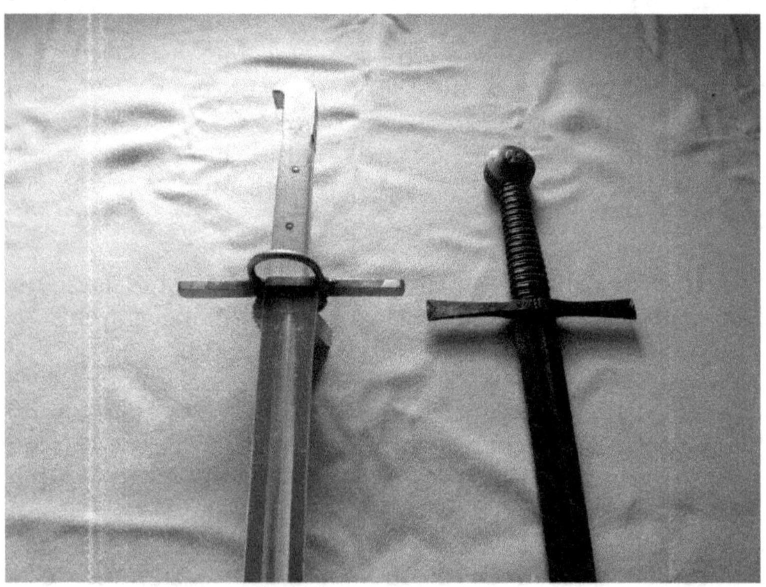

Denn mag die Länge der Waffen auch gleich sein, so hat das lange Messer auch noch am Griff selbst ein zusätzliche Parierstange bzw. der Rüstnagel oder Rüstring als weiteren Unterschied zu bieten.

Der es dem Fechter erlaubt Oberhaue in der oben gezeigten Form abzufangen und zu kontern.

Was bei einem Schwert nicht möglich ist.
Es sei denn man will den eigenen Fingern ordentlich schaden.

Weshalb hier die Haltung eine Gekipptere sein muss, bei der die Parier den Schlag fängt.
In vielen Fällen ist auch der Griff des langen Messers eine Art Anderthalb- oder Zweihandgriff, was die Art wie man es führen muss und den Techniken, die man damit machen kann ein wenig verändern.

Wie das auf der vorherigen Seite gezeigte Klemmen der gegnerischen Klinge recht gut zeigt.

Ein Stück Grifflänge, die bei vielen Einhändern einfach fehlt und somit diese Technik entweder schwer oder gar nicht sinnvoll machbar ist.

Dennoch ist neben Liberi das Manuskript von Johannes Lecküchner über das lange Messer eine wertvolle Hilfe für das Fechten mit dem Einhänder.

Zwar gibt Fiore die Liberi einiges vor, doch eben wie gesagt immer nur einen Anfangspunkt und dann daraus folgende, verschiedene Endpunkte. Die Bewegung dazwischen spart er eigentlich aus und so muss der heutige Fechter fleißig interpretieren, um in eine fließende, nützliche Fechtbewegung zu kommen.

Lecküchner ist hier um vieles genauer. Nun wollen wir einfach die beiden Systeme mit einander vergleichen.
Was konnten beide Waffen leisten?
Wie sieht es mit den Meisterhauen des langen Messers aus?

Es stimmt schon, dass Lecküchner nach einem anderen System focht, aber warum nicht die beiden mal in Bezug setzen?
Denn so ein Einhänder kann mehr als Liberi zeigt und ist eben doch kein langes Messer.
Doch zuerst zu den für beide nutzbaren Techniken.

Was beide können

a

b

Bildpaar a und b

Das sogenannte **Zucken**, bei dem man die Klingenbindung gar nicht zulässt und man mit einem Sidestep aus der Linie geht, kann mit einem zweiten Hieb oder wie darunter gezeigt in einem Stich enden.

1

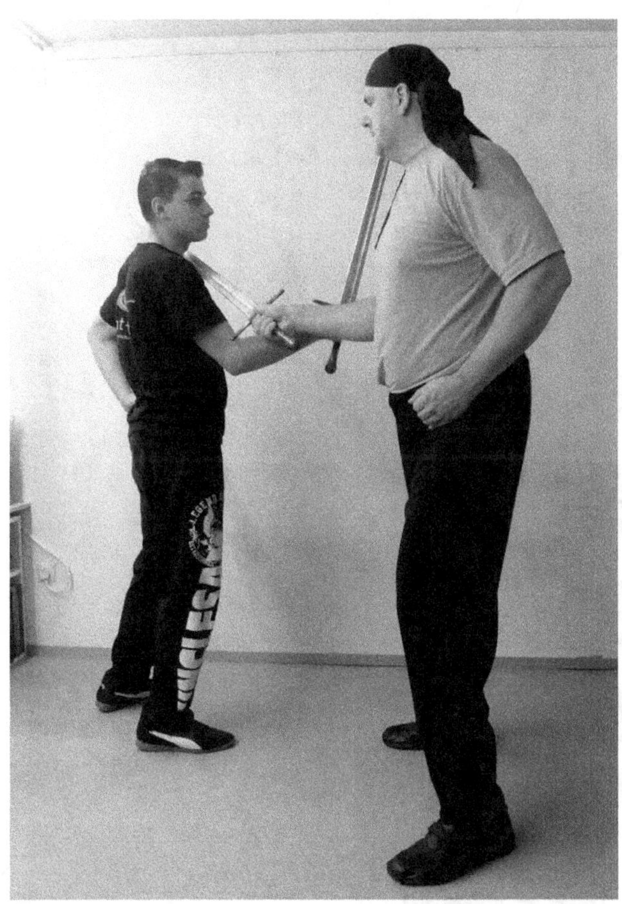

2
Bildpaar 1

Beim **Abnehmen** streichen Sie mit der Parier, nach der Anbindung der Klingen, nach oben und etwas nach rechts.

Bild 2

Nun schlagen Sie direkt in die entstandene Blöße.

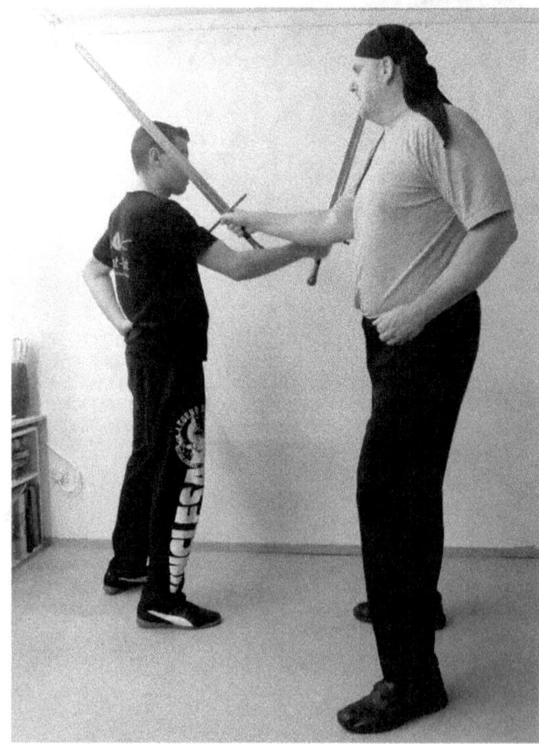

3

4

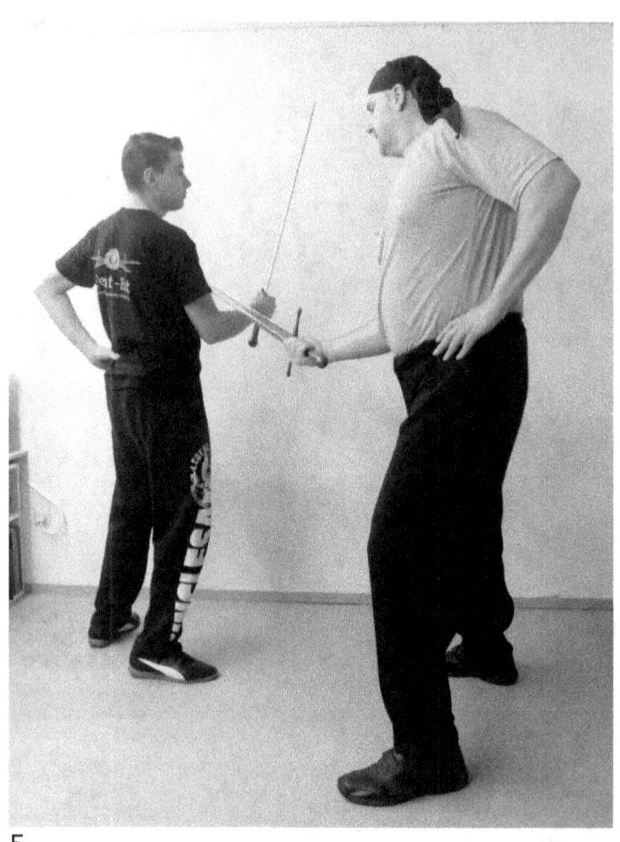

5

Bildpaar 3
Bringt der Gegner zu viel Druck in die Klingenbindung, dann einfach mal das Schwert etwas kippen und dann **schnappen** lassen.

Bildpaar 4

Man kann ihn auch mit einem Stich bedrohen. Fällt er drauf rein und geht hoch um zu versetzen, kann man mit der Klinge unten **durchgehen** und

Bild 5
Ihm von außen auf den Arm oder den Kopf schlagen.

a

b

c

Bildpaar a

Spüren Sie, dass der andere beim Anbinden der Klingen seitlich wegdrückt, ohne anzugreifen, dann verkippen Sie Ihr Schwert, so dass Sie zwischen Klinge und Mann kommen. Nun können Sie ihn mit dem **Duplieren** dort zum Gesicht schlagen.

Bildpaar b
Sollte der Gegner, anders als beim Duplieren weich an der Klinge sein, dann winden Sie seitlich hoch, drängen seine Klinge etwas zur Seite.

Bild c

Nun können Sie über seine Klinge hinweg mit dem **Mutieren** in seine Flanke stechen.

1

Bildpaar 1

Zeigt ein „Fangen" mit dem **Pogen**, gegen einen rechten Oberhau.
Hier lassen Sie seine Klinge auf Ihrer Fläche abgleiten und schnappen dann mit dem gelieferten Druck zu seiner linken Hals- oder Kopfseite.

Bildpaar 2

Ein anderer Pogen, bei dem man aus der Linie tritt.
Hier lässt man die Klinge über die rechte Schulter abgleiten und schlägt den Gegner dann auf seine rechte Hals oder Kopfseite.

Dasselbe kann man natürlich auch im gespiegelten Sinne bei ankommenden linken oberhauen machen. Die Wirkung bleibt dieselbe.

a

b

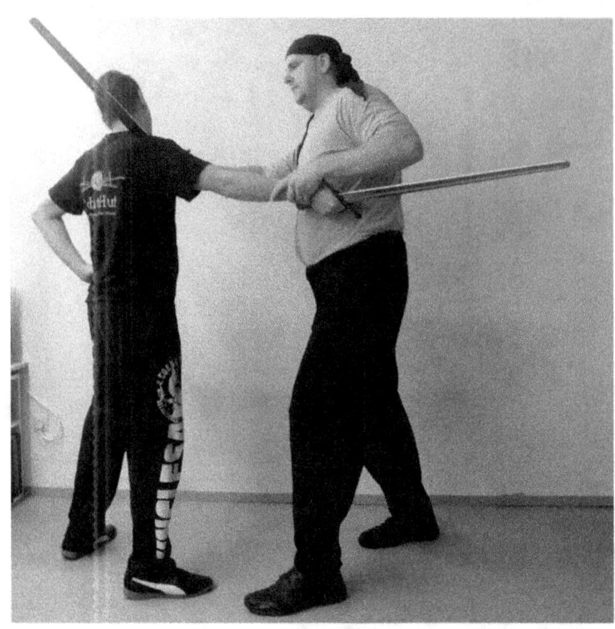

c

Bild a

Hier nun ein **Absetzen** gegen einen von rechts kommenden Oberhau. Sie sehen, dass hier wesentlich genauer gefangen werden muss als beim langen Messer, da kein zusätzlicher Rüstnagel schützt.
Nun kann man als Konter stechen.

Bild b

Ist er nah und Sie wollen nicht stechen, dann greifen Sie seinen Schwertarm.

Bild c

Ziehen Sie kräftig zu sich und drücken ihm oben die Klinge an den Hals.

3

Bild 1
Ein **Absetzen** nach rechts gegen einen linken Oberhau.
Wieder können sie direkt zustechen oder

Bild 2
Seine Hand packen.

Bild 3
Doch diesmal drücken Sie seine Hand nach unten rechts weg und gehen ihm mit dem Schwert quer an den Hals.
Eine Abwandlung einer I.33 Bucklertechnik, die allerdings auch hier funktioniert.

Meisterhaue

Hier nun die Meisterhaue aus dem langen Messer.

Als erstes ist hier zu sehen:

Ein **Weckerhau**

Aus einer Art Schranckhut machen Sie einen sogenannten Weckerhau gegen den rechten Oberhau.

In Fächerförmiger Bewegung schlagen Sie gegen die Fläche des ankommenden Schwertes.

Nun können Sie entweder stechen oder, wie hier gezeigt, einfach gegen den Hals des anderen schlagen.

Bringen Sie sich bei diesem Meisterhau durch einen Schritt nach rechts etwas aus der Linie des ankommenden Hiebes.

Ob nun linker, oder wie hier gezeigt, rechter Oberhau, der **Wecker** kann auch von links geschlagen helfen.
Nur treten Sie diesmal auf der Außenseite des Gegners aus der Angriffslinie.

Schlagen Sie gegen die Rückseite seiner Klinge und machen sich so den Weg frei.

Nun können Sie ihm ungehindert an den Hals schlagen.

Mit dem **Zornhau** etwas aus der Linie springen, dabei kraftvoll zuschlagen, einwinden und sofort den Ort zu seinem Hals stechen.

Doch auch der **Zwingerhau** kann hier etwas ausrichten.

Er wird, wie oben gezeigt aus einer Art Schlüsseldrehung des Schwertes mit der sogenannten kurzen Schneide oder Rückschneide geschlagen.

Am besten gegen die Fläche der gegnerischen Klinge.

Wie beim langen Messer müssen sie dabei keinen Schritt machen und können die Kraft der „geschielten" Drehung des Schwertes voll ausnutzen, ohne dass davon viel zu sehen ist.

Die Kraft kann ins Mutieren führen und zustechen oder man schlägt einfach quer in die Blöße zum Hals.

1

2

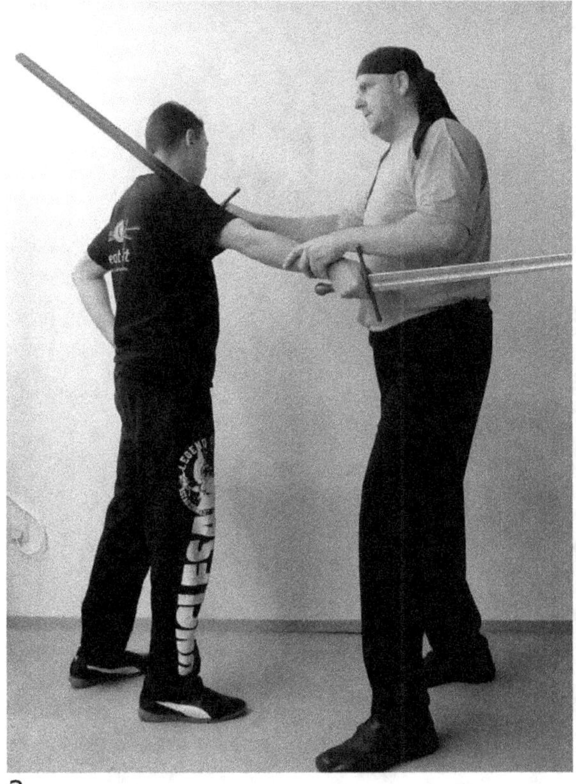

3

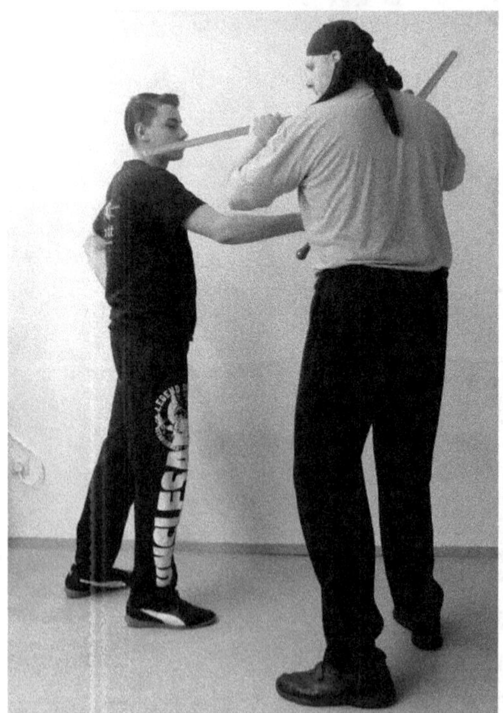

4

5

Bild 1

Der **Entrüsthau** von rechts geschlagen kann bei einem langen Einhänder nicht nur den ankommenden rechten Oberhau abwehren, er kann auch schon den Treffer an den Kopf des Gegners setzen und den Kampf beenden.

Bild 2
Gelingt dies nicht, dann

Bildpaar 3

Können Sie mit Ihrer linken Hand auch seinen Schwertarm packen.
Ziehen Sie ihn fest zu sich und drücken Sie dabei Ihre Schwertklinge mit der Stärke nahe der Parierstange an seinen entblößten Hals.

Bildpaar 4

Sollte er guten Druck liefern und Sie wollen ihn nicht greifen,
dann lenken Sie seine Kraft einfach um
Mit einem **Umschlagen** in den anderen Entrüsthau kommen Sie
nun auf seine Außenseite.
Greifen Sie ins halbe Schwert und gehen so ganz nah zu ihm.

Bild 5

Nun klemmen Sie seinen Hals einfach zwischen Ihrem Unterarm
und dem vorderen Teil (der Schwäche) Ihrer Schwertklinge ein.

Wenn Sie dabei auch noch Ihr linkes Bein hinter sein rechtes
gestellt haben, dann können Sie ihn mit einer schnellen Drehung
nach links zu Boden werfen.

Aber Sie müssen schnell sein damit das klappt.

Statt einfach den Hau gegen die Beine zu parieren oder mit einem Absetzen zu fangen, gilt auch hier das Überlaufenprinzip und man kann den **Gefer**- oder **Scheitelhau** als Konter einsetzen.
Sie sehen: Die Meisterhaue des langen Messers haben auch hier ihr Recht.

Etwas links

Zurecht fragt man sich nun, was passiert, wenn ein Linkshänder eine ähnliche Startposition einnimmt, wie Liberis Fechter.
Was kann ein Linksfechter daraus wirklich tun?

Hier müssen Sie nun, wie beim Bucklerfechten auch, aus einer veränderten Hut starten und den Konter von links unten hochführen, um den angriff zu verdrängen.

Nun können Sie entweder;

Direkt zum Hals schlagen

oder

Die Schwerthand packen und den Kerl in den Schlag reinziehen.

Oder Sie packen sein Handgelenk und ziehen es weiter nach rechts.

Drehen Sie sich dabei auch mit nach rechts.

Lassen Sie sein Handgelenk dabei nicht los und pressen Sie seinen Ellbogen fest an Ihren Körper.

Lehnen Sie sich ruhig auch noch drauf, damit der Hebel sitzt.

Nun zum Vergleich dieselbe Drehung mit rechts gefochten.

Wieder wird das Handgelenk gepackt.

Wieder wird der Ellbogen an des anderen an den eigenen Körper gebracht, um so den nötigen Hebelzug aufbauen zu können.

Doch als Rechtshänder kann man den anderen zusätzlich auch gleich noch ins Schwert stürzen lassen.

Ein Pogen, ein Ableiten und Schnappen gegen einen rechten Oberhau geht auch hier.

Ein Absetzen nach links oben gegen den rechten Oberhau kann mit einem Stich beendet werden.

Oder Sie packen seinen Schwertknauf drücken mit der Klinge nach links, während Sie den Knauf nach rechts ziehen.
So können Sie ihn entweder unter der Achsel treffen oder ihn entwaffnen.

Bild a

Ein Absetzen nach rechts gegen einen linken Oberhau klappt auch hier.

Bild b

Stechen Sie nun gleich zu seinem Hals.
Denn in dieser Haltung wäre ein Greifen recht unsinnig, da Sie sich selbst etwas im Weg sein könnten.

Denn Sie müssten unter beiden Waffen hindurch greifen, um überhaupt ans Ziel zu kommen.

Nun versuchen Sie weitere Techniken der rechts fechtenden Partner für sich umzusetzen, denn wenn auch Liberi seine tricks nur für Rechtshänder zeigt, so kann man doch noch das eine oder andere für den Linkshänder umsetzen.

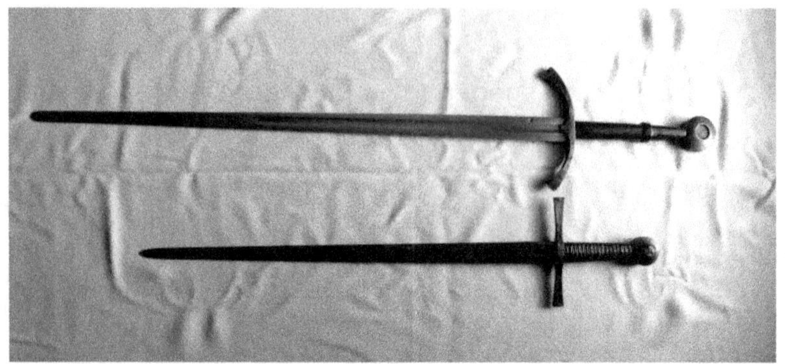

Doch ganz egal ob Sie nun das lange Schwert oder den kleinen Verwandten den Einhänder nutzen wollen, denken Sie immer daran:

Gute Fechtpartner wachsen nicht auf Bäumen.
Also gehen Sie sorgsam mit dem Gegenüber um, denn alleine kann man so schlecht fechten.

Wenn Sie mit Metall üben wollen, dann nutzen Sie die handelsüblichen Fechtmasken, die Fechtjacken für historisches Fechten.

Oder versuchen Sie sich mit den gepufferten Schwertsubstituten und nutzen weniger Körperschutz.

Aber seien Sie immer achtsam, wenn es um den Partner geht, denn so ein Armhebel ist schnell mal zu weit gedreht und das kann auch die geduldigste Freundschaft im Ansatz brechen.

Fiore die Liberi

Oder mit ganzem Namen
Fiore Furlano de'i Liberi de Cividale d'Austria
War wohl ein Ritter des späten 15. Jahrhunderts und lebte ca.
von 1340 – 1420 n.Chr. Er stammte aus Friuli und der Zusatz
Liberi bezieht sich wohl darauf, dass seine Familie de Premariacco
edelfrei war und somit Reichsunmittelbarkeit innehatte.
Dabei handelt es sich wohl um einen vom Rang her niederen
Adeligen oder eben einen, der zu den aufstrebenden freien
Reichsrittern gehörte.
Fiore schreibt, dass er immer schon eine natürliche Begabung für
Kampfkünste hatte und sein Training schon in jungen Jahren
begann. Er will bei unzähligen deutschen und italienischen
Meistern gelernt haben (was wahr oder südländisch übertrieben
sein kann).
So reiste er wohl durch die Lande und suchte sich seine Lehrer,
doch das ging nicht immer gut aus. Die Art wie er sich selbst
beschreibt zeigt auch einen stolzen, seiner Fähigkeiten
bewussten Mann, der sich von „falschen und unwürdigen"
Meistern, wie er sie nennt nicht kleinkriegen ließ. Besonders
schien es ihn zu ärgern, wenn ein solcher Meister kaum mehr
konnte als ein Schüler.
Man kann sich denken, dass solche Zusammenstöße nicht immer
gut ausgingen und so schreibt Fiore, dass er sich fünfmal Duellen
zu stellen hatte, weil er sich weigerte solchen neidischen Meistern
sein Wissen preiszugeben.
Er focht diese in Gambeson und Handschuhen mit scharfen
Klingen aus und proklamiert allesamt unverletzt gewonnen zu
haben.
Fiore schreibt nur wenig über seine eigene Karriere als
Schwertmeister, zeigt seine Würde jedoch auf andere Weise. Er
benennt seine wichtigsten Lehrer: Nicholai de Toblem und Johan
dicto Suueno. Leider sind die Namen nur in Latein aufgeführt und
man kann nichtmehr genau feststellen welche Stellung sie zu
Fiores Zeit innehatten.

Danach zeigt Fiore aber umso gründlicher welche, damals
berühmten Condottieri er ausgebildet hat. Bei einem Namen lässt
sich besonders schön die Schwierigkeit der Identifizierung zeigen
Piero Paolo del Verde hieß in Wirklichkeit wohl Peter von Grünen.
Und genau dieser von Grünen hatte wohl ums Jahr 1381 in
Pergua gegen einen Pietro della Corona, also den Peter Kornwald
ein Duell zu bestehen.

Also kann man annehmen, dass Fiore auch in der Nähe war.

Später im selben Jahr war Fiore wohl für die Inspektion und die Instandhaltung der Artillerie bei der Verteidigung der Stadt Udines gegen die Truppen des Cardinals eingeteilt.

Wie lange er dort blieb ist unklar.

Erst in den Neunziger Jahren taucht sein Name in Padua und Milano wieder auf, als er Adelige für Duelle trainiert.

Um 1400 schreibt er sein Flos Duellatorum und 1409 erschien noch eine weitere Fechtschrift, deren Herstellung wohl 6 Monate gedauert haben soll. Da es noch zwei weitere Versionen geben soll müssen wir annehmen, dass er in diesem Jahrzehnt hauptsächlich geschrieben hat.

Seine Wichtigkeit unter den damaligen meistern wird heute eher als gering eingeschätzt, mit Johannes Liechtenaur war ein anderer auf den Plan getreten und hatte die Kunst weit vorangetrieben.

Johannes Lecküchner 1430 in der Nähe Nürnbergs geboren.

1455 schreibt er sich an der Universität zu Leipzig ein
1457 erhält er seinen Baccalaureus.
1478 entstand sein erstes Manuskript übers lange Messer und er
war wohl inzwischen zum Priester/ Pfarrer berufen worden.
Schreibt bis ans Ende seines Lebens an seinem Meisterwerk:
„die Kunst des Messerfechtens"
1480 wird er als Landgeistlicher nach Herzogenaurach berufen.
1482 stirbt er, genau im Jahr der Fertigstellung, das Buch ist
Philip dem Aufrechten von Wittelsbach gewidmet.
Es ist das umfangreichste Buch das es übers lange Messer
überhaupt gibt.

Einiges seines Wissens erscheint in gekürzter Form auch in den
Arbeiten von Hans von Speyer 1491, wurde von Gregor Erhard
um 1533 etwas abgeändert reproduziert, ebenso ist in Hector
Mair 1540 einiges zu finden.

Passend zum vorliegenden Buch:

ISBN: 978-1091247956

Ritterschild, Reiterschild, Tropfenschild, Dreieckschild, er hat so
einige Namen, er kommt in vielen Filmen vor und darf
fantastische Wappen tragen. Er wird auch mit in den Kampf
geschleppt, doch der Rest ist Fantasy.
Wie aber könnte ein Kampf mit Schwert und Schild ausgesehen
haben?
Was passiert, wenn man überlieferte, historische Kampftechniken
mit ihm zusammenbringt?
Das Buch wagt das Experiment und zeigt mit vielen Bildern einen
Einstieg in diese Art zu kämpfen.

Auch auf Amazon erhältlich:

Wenn Sie mit Schwert und Buckler nach I.33 oder mit dem langen Messer vergleichen oder mit links ergänzen wollen, ist auch das möglich.

Sie können allerdings auch im Internet die Plattform **Wiktenauer** besuchen und dann in der größten digitalen Sammlung über hist. Fechten fündig werden.

Der Autor wurde 1968 in Pforzheim geboren, machte nach dem Abitur einen Abstecher in die Fächer Theologie und Germanistik, um sich dann schließlich doch in der Freien Kunstschule in Stuttgart wiederzufinden.
Er ist seit Anfang der 1990er freischaffender Künstler und war mit seinen Werken auf Ausstellungen und Kunstmessen im In- und Ausland.

Mit dem Milleniumswechsel begann er bei Walter Neubauer seine Ausbildung im historischen Fechten.

Seit 2010 hat er eine eigene Fechtschule
www.Fecht-Hut.de
Er hat zwei Sachbuchserien über Bartitsu und historisches Fechten veröffentlicht.
Die Gil Kayn Serie stellt den Gegenpol zu all der Sachlichkeit dar.